BEI GRIN MACHT SICH IHR WISSEN BEZAHLT

- Wir veröffentlichen Ihre Hausarbeit,
  Bachelor- und Masterarbeit

- Ihr eigenes eBook und Buch -
  weltweit in allen wichtigen Shops

- Verdienen Sie an jedem Verkauf

Jetzt bei www.GRIN.com hochladen
und kostenlos publizieren

Mona Hafez

Paris - Migration und Banlieue

Kunst der Banlieue

GRIN Verlag

Bibliografische Information der Deutschen Nationalbibliothek:

Die Deutsche Bibliothek verzeichnet diese Publikation in der Deutschen National-
bibliografie; detaillierte bibliografische Daten sind im Internet über http://dnb.d-
nb.de/ abrufbar.

Impressum:

Copyright © 2008 GRIN Verlag GmbH
Druck und Bindung: Books on Demand GmbH, Norderstedt Germany
ISBN: 978-3-640-52166-1

Dieses Buch bei GRIN:

http://www.grin.com/de/e-book/143005/paris-migration-und-banlieue

GRIN - Your knowledge has value

Der GRIN Verlag publiziert seit 1998 wissenschaftliche Arbeiten von Studenten, Hochschullehrern und anderen Akademikern als eBook und gedrucktes Buch. Die Verlagswebsite www.grin.com ist die ideale Plattform zur Veröffentlichung von Hausarbeiten, Abschlussarbeiten, wissenschaftlichen Aufsätzen, Dissertationen und Fachbüchern.

Besuchen Sie uns im Internet:

http://www.grin.com/

http://www.facebook.com/grincom

http://www.twitter.com/grin_com

Ludwig-Maximilians-Universität München

Institut für Interkulturelle Kommunikation

PS: Afropolis. Städte, Künstler, Medien.

Paris: Migration und Banlieue
–
Kunst der Banlieue

**Hausarbeit zur Erlangung eines Proseminar-Scheins im Nebenfach
Interkulturelle Kommunikation**

Vorgelegt am 15.09.2008

von

Mona Chantal B. Hafez

Hauptfach: Ethnologie, 10. FS
1. Nebenfach: Religionswissenschaft, 10. FS
2. Nebenfach: Interkulturelle Kommunikation, 9. FS

Inhaltsverzeichnis

I. Einleitung

Im Zuge der postkolonialen Migrationströme nach Frankreich sind durch städtebauliche Maßnahmen Migranten-Trabantenstädte vor den Toren der Großstädte entstanden. Wie und weshalb haben diese sich im Laufe der Zeit zu "sozialen Brennpunkten" und Konfliktherden der französischen Nation entwickelt, bzw. wurden sie als solche stilisiert? Welche Rolle spielten dabei die künstlerische Auseinandersetzung der Banlieue-Bewohner mit ihrer spezifischen Situation, die Möglichkeiten des (politischen) Selbstausdrucks und die Schaffung einer eigenen Sphäre der medialen Repräsentation durch das Medium Film anhand des *Cinéma de Banlieue*?

Zunächst gebe ich - als Grundlage zu einem besseren Verständnis der spezifischen Situation der französischen Banlieue und der ihr entwachsenden Problematiken - eine kurze historische Einführung in ihre Entstehungsgeschichte, in der ich auch auf die städtebaulichen Maßnahmen der französischen Wohnungsbaupolitik eingehe. Daraufhin werde ich im zweiten Teil der Arbeit mit dem französischen Soziologen Pierre Bourdieu genau diese Politik untersuchen, welche Lokalität und sozioökonomische Rahmenbedingungen konstituiert und Orten dadurch bestimmte Entwicklungen von vornherein potenziell einschreibt. Die Bedingungen und Hintergründe der spezifischen Situation der Banlieue werden an dieser Stelle genauer betrachtet und analysiert, um so die Basis zu schaffen für ein fundierteres Verständnis der, bzw. einen leichteren Zugang zu verschiedenen künstlerischen Ausdrucksformen die diesem spezifischen Milieu entwachsen sind und im dritten Kapitel dargestellt werden. Es geht mir hier nicht um eine ausführliche Analyse einzelner Werke, als vielmehr darum, anhand weniger Beispiele einen kurzen Überblick über die Spannbreite der kreativen Auseinandersetzung mit dem Thema Migration und Banlieue aus den Reihen der Betroffenen selbst zu geben. Durch kurze Darstellungen ihrer Werke will ich belegen, wie die Akteure, also junge Franzosen mit Migrationshintergrund, durch Musik, bildende Kunst und Film die Erfahrungen ihrer Generation aus der Banlieue verdeutlichen, einen eigenen Blick auf die Realität der Banlieue werfen und durch das Medium Film ihr eigenes kollektives Bildgedächtnis entwerfen, wobei sie automatisch der gängigen Rezeption der Banlieue, die vor allem durch ihre Darstellung in den Massenmedien geprägt ist, entgegenwirken.

II. Paris: Migration und Banlieue - Kunst der Banlieue

1. Geschichtliche Entwicklung

Frankreich ist bekannt als das Land, das sich seit der französischen Revolution Ende des achtzehnten Jahrhunderts Gleichheit, Freiheit und Brüderlichkeit auf die Fahnen schreibt. Seit Mitte des 20. Jahrhunderts ist Paris, "die Kapitale des einstigen französischen Kolonialreichs, [...] zur größten afrikanischen Enklave in Europa geworden" (Wendl, von Lintig 2006, 15). Von den geschätzten 12 Millionen Menschen, die den Pariser Großraum bevölkern, hat heute ungefähr jeder fünfte afrikanische, karibische, oder afroamerikanische Wurzeln und von den 61 Millionen Einwohnern Frankreichs sind geschätzte 6 Millionen, also knapp 10 Prozent der Gesamtbevölkerung, muslimischen Glaubens (Wendl, von Lintig 2006, 15). In Frankreich sind ethnische, geschlechtliche, religiöse oder klassenspezifische Unterschiede im öffentlichen Diskurs allerdings lange Zeit irrelevant gewesen, da die Anerkennung von Unterschieden unter dem Deckmantel der Gleichheit (égalité) lange zurückgewiesen wurde. (Tarr 2005, 1)

"Jede/r ist in den Augen des Staates gleich und Unterschiede werden nicht gemacht. (...) Diese Integrationsversprechen des französischen Staates betont die Gleichheit im Staatsbürgerschaftsrecht und in den staatlichen Institutionen. Aus diesem Grund sind ethnische oder konfessionelle Statistiken untersagt, dies verhindert aus Prinzip Antidiskriminierungs- und positive Diskriminierungsmaßnahmen." (Frey 2007, Internet)

Seit den 1960er Jahren kommt es vor allem in den Vorstädten der französischen Industriestädte aufgrund schlechter Lebensverhältnisse und Ausgrenzungsmechanismen von Seiten des Staates, die mit dem begrenzten Zugang zu sozioökonomischen Mitteln einher gehen, immer wieder zu Protesten oder Krawallen durch Banlieue-Bewohner. In Frankreich und im Ausland haben diese vor allem seit den 1980er Jahren viel Aufsehen erregt und ein Umdenken provoziert, das auch von den Medien, von den Untersuchungen und Ergebnissen der Sozial- und Kulturwissenschaften, die sich intensiv mit dem Phänomen und seinen Ursachen auseinandersetzen, und nicht zuletzt von Stimmen aus den Reihen der Betroffenen selbst angeregt wurde. So geben religiöse und ethnische Unterschiede heute Anlass zu kontroversen öffentlichen Diskussionen, wie dem allbekannten Kopftuchstreit, und es werden längst überfällige Debatten über die "sich wandelnde/neue Identität" Frankreichs, zu einer "pluralen, multi-ethnischen" Gesellschaft geführt. (Tarr 2005, 1)

Im Folgenden möchte ich im ersten Unterpunkt dieses Kapitels eine kurze Übersicht über die historische Entwicklung Paris' zur multikulturellen Metropole und der Geschichte Frankreichs als Einwanderungsland geben, um anschließend auf die wohnungsbaupolitische Reaktion des Staates auf zunehmenden Wohnungsmangel mit steigender Migration im Zuge des nachkriegszeitlichen Wirtschaftswachstums einzugehen.

1.1 Anfang des 20. Jahrhunderts und Postkoloniale Migration

Anfang des 20sten Jahrhunderts gibt es in der Hauptstadt der kolonialen Großmacht Frankreich ein reges Interesse an afrikanischer und afroamerikanischer Kunst und Musik. Zur gleichen Zeit, als die Pariser Künstlerszene sich im Zuge der Kritik an der eigenen Kultur in ihrem Schaffen der "primitiven Kunst" zuwendet, Picasso etwa im Kubismus die Faszination an der einfachen Form auslebt, entdeckt der Pariser *chic* die afrikanische "Stammeskunst" und afroamerikanische Unterhaltungsmusik für sich. Bereits in den 20er Jahren des zwanzigsten Jahrhunderts herrscht in Paris keine Rassentrennung mehr. In den Bars, Nachtclubs und Varietés der Stadt geben internationale Künstler Jazz zum besten, ein multinationales Publikum tanzt zu Ragtime, Charleston oder Shimmy. (Wendl, von Lintig 2006, 18). In den Nachbarstaaten sowie den USA führt diese Tatsache oft zu Entrüstung und rassistischen Ressentiments, was der Entwicklung jedoch keinen Abbruch tut (Wendl, von Lintig 2006, 21). 1925 kommt die 19jährige Josephine Baker nach Paris und wird mit ihrer *revue nègre* zur "Königin der Pariser Nächte" (Wendl, von Lintig 2006, 19- 20). Auch schwarze Boxer "gehören zum Figureninventar der Pariser Populärkultur". Die Afrikabegeisterung schlägt sich auch auf Geschmack in Mode Design und Innendekoration aus. (Wendl, von Lintig 2006, 20-21). Viele afrikanische, afroamerikanische und karibische Künstler finden im Zuge dieser Entwicklung ihren Weg nach Paris. (Wendl, von Lintig 2006, 23-24)

Nach Ausbruch des Zweiten Weltkriegs kämpfen in den Reihen der französischen Armee ca. 180.000 afrikanische Soldaten, und die Frage der Dekolonisierung rückt nach Kriegsende "mit aller Dringlichkeit auf die Tagesordnung. In der Verfassung der 4. Republik (1946) wird eine neue Sprachregelung eingeführt: statt vom Kolonialreich ist nunmehr von der "französischen Union" die Rede und anstelle der früheren Untertanen (sujets) spricht man von Bürgern (citoyens)." (Wendl, von Lintig 2006, 25). Doch die hier inhärenten Versprechen werden von der Union nicht eingelöst, was zu den Befreiungskriegen von Algerien und Indochina führt, welche Frankreich "vor eine fast zwei Jahrzehnte andauernde Zerreißprobe" stellen. (Wendl, von Lintig 2006, 25)

1947 gründete der senegalesische Intellektuelle Alioune Diop im schicken Pariser Quartier Latin den bis heute bestehenden Verlag und die Zeitschrift "Présence africaine" (Wendl, von Lintig 2006, 25), der farbigen Denkern und Schriftstellern erstmals eine Vernetzungsplattform bietet und dazu beiträgt, dass afrikanische und farbige Intellektuelle eine Stimme bekommen und in ihrem Schaffen als gleichwertige französische Bürger wahrgenommen werden. 1956 organisiert Diop den internationalen Schriftstellerkongress an der Sorbonne, was seinen Status und die Rolle, die farbige Intellektuelle im künstlerischen Pariser Geschehen spielen, verdeutlicht. (Wendl, von Lintig 2006, 26) Im Zuge dieser Entwicklung hat die postkoloniale Migration ab der Zweiten Hälfte des 20sten Jahrhunderts auch ein neues Gesicht: es immigrieren zahlreiche Studenten aus den afrikanischen und maghrebinischen Unionsstaaten. Ihre Zahlt verzehnfacht sich zw. 1970 und 1980 auf 21.000. Auch diese Ausweitung der Migration schlägt sich in der Kunstszene nieder. Der 1957 in Paris gedrehter Kurzfilm "Afrique sur Seine" über das afrikanische Studentenmilieu gilt als Geburtsstunde des afrikanischen Kinos. (Wendl, von Lintig 2006, 28)

Die größte Anzahl an Migranten kommt jedoch nach dem zweiten Weltkrieg im Zuge des rapide ansteigenden Wirtschaftswachstums ins Land. Man kann hier eine Umkehrung alter Migrationströme beobachten, die treffend als "Rückwirkungen der kolonialen Expansion" (Wendl, von Lintig 2006, 26) auf die Kolonisatoren selbst bezeichnet wird. In den 60er Jahren des 20sten Jahrhunderts werden hunderttausende Arbeitskräfte angeworben, "vor allem aus den Ländern des Maghreb, sowie aus Senegal, Mali und Mauretanien. Hinzu kamen eine Million Flüchtlinge aus Algerien und starke Zuwanderung aus Übersee-Departements in der Karibik." (Wendl, von Lintig 2006, 27). Außerdem immigrieren mehr und mehr Dissidenten, die den autoritären Regimes ihrer Heimatländer entfliehen. (Wendl, von Lintig 2006, 27). Paris wird somit endgültig zur multikulturellen Metropole.

1.2 Wohnungsbaupolitische Maßnahmen

Ein gros der Immigranten erster Generation lebt jenseits der intellektuellen Künstlerszene in erbärmlichen Verhältnissen, zunächst in riesigen *bidonvilles*, einfachsten Hüttensiedlungen außerhalb der Stadtgrenzen, die größten in Argenteuil und Nanterre im Westen. Andere leben in *Hostels* (Tarr 2005, 6), vor allem in den nordöstlichen Stadtbezirken, dem 18ten, 19ten und 20sten Arrondissement (Wendl, von Lintig 2006, 27). Hier ist vor allem die Umgebung von Barbès-Rochechouart, das Viertel *la goutte d'or* im 18ten Arrondissement legendär geworden. Durch die relative Nähe zu dem Künstlerviertel *Montmartre* und dem Verkehrsknotenpunkt *Gare du Nord* hat das Viertel einen privilegierten Standort und nutzt diesen bis heute aktiv durch Institutionen wie dem Theater- und Veranstaltungsort "Lavoir moderne parisien (LMP)" und aktiven Bürger- und Künstlerinitiativen, um am künstlerischen und politischen Geschehen der Stadt teilzunehmen. Barbès und die *goutte d'or* stehen für das Paris der afrikanischen Migranten, "in Afrika selbst hat der Name einen Ruf wie anderswo St.Germain oder die Champs Elysées" (Wendl, von Lintig 2006, 27). Die *goutte d'or* nimmt also im Vergleich zu den vorstädtischen Trabantenstädten eine Sonderrolle ein.

Im Zuge der zunehmenden Migration von Arbeitskräften und der Verschlechterung der Zustände in den bidonvilles muss Mitte der 1960er Jahre schnell und effektiv Wohnraum für die urbanen Massen geschaffen werden. So erfolgt unter der Regierung de Gaulle (Tarr 2005, 6) eine "beispiellose Wohnungsbaukampagne" (Wendl, von Lintig 2006, 27). In der Pariser Banlieue (zu deutsch Bannmeile), die jenseits des *Boulevard périphérique* beginnt, "des Autobahnrings der sich seit Anfang der 1960er Jahre um die innerstädtischen Arrondissements legt" (Pinther 2006: 392), werden ganze neue Vorstädte, die *Cités*, in moderner Plattenbauweise errichtet (Wendl, von Lintig 2006, 27). Das "zweite Paris" gestaltet sich als Agglomerat gigantischer, aneinander gereihter Wohnblocks (Pinther 2006: 392). Diese eintönigen *Grands Ensembles* und noch weiter von der Stadt entfernt den *Villes nouvelles* werden in ihrer seriellen Ästhetik zunächst "als "modern" und fortschrittlich begrüsst" (Pinther 2006: 392). Für die Zuwanderer, von denen die meisten lange Zeit in besagten *bidonvilles* gelebt hatten, bedeuten sie eine erhebliche Verbesserung der Lebensumstände "und (kurzfristige) Erfüllung ihrer Träume" (Pinther 2006: 392). Andererseits spiegeln sie genau das koloniale geographische Modell von räumlicher Aufteilung einer Stadt wieder, "composed of adjacent but mutually exclusive parts" (Tarr 2005, 6). Die Planung sah jedoch vor, in diesen neuen Siedlungen neben Migranten auch 'einheimische' Arbeiter anzusiedeln, bzw. deren Zuzug zu fördern. Das gleiche gilt für das zweite städtebauliche Maßnahme: die Programme zur Errichtung von Wohnheimen für Gastarbeiter. Hier wird darauf geachtet, diese über verschiedene Stadtviertel und Vorstädte zu verteilen (Wendl, von Lintig 2006, 27). In der Umsetzung der städtebaulichen Maßnahmen bilden sich jedoch vor allem in den nordöstlichen Stadtbezirken und den angrenzenden alten Arbeitervorstädten von St.Dénis, Aubervilliers, St.Ouen, Ivry und Montreuil "afrikanische Enklaven". (Wendl, von Lintig 2006, 27)

Der französische Soziologe Pierre Bourdieu bringt in dem Werk "Das Elend der Welt", Ergebnis einer Anfang der 1990er Jahre durchgeführten soziologischen Studie über die Situation in der Banlieue, treffend zum Ausdruck, wie der Staat "dank seines maßgeblichen Einflusses auf Immobilienmarkt, auch auf Arbeitsmarkt und Schule" (Bourdieu 1997, 166) enorme Macht über Raum und räumliche Zuteilung besitzt und wie er diese verwirklicht und damit Verantwortung trägt für die Entwicklungen in den Bannmeilen der Städte:

> "Die Wohnungsbaupolitik hat vor allem mittels der Steuergesetzgebung und Wohneigentumsförderung (...) eine *politische Konstruktion des Raumes* bewirkt. In dem Masse in dem sie die *Konstituierung homogener Gruppen auf räumlicher Basis* gefördert hat, ist diese Politik zu einem guten Teil für all das verantwortlich, was sich in den heruntergekommenen Mietblöcken und den vom Staat aufgegebenen Banlieues heute unmittelbar zeigt." (Bourdieu 1997, 167)

Die Machtgefüge, die Orten eingeschrieben sind, stehen in Zusammenhang mit bestimmten räumlichen Profiten, die sie vermittelten. Bourdieu unterteilt diese Profite in *Lokalisierungs-Profite*, wie der Nähe zu knappen und erstrebenswerten Gütern, wie Bildungs-, Gesundheits- oder Kultureinrichtungen, *rangspezifische Profite*, welche die Macht über Raum durch Kapital und damit in gewissem Sinne Macht über Zeit vermitteln, sowie *Besetzungs-Profite* (Bourdieu 1997, 163), welche durch die Verfügung über physischen Raum dazu bemächtigen, "jedwede Art unerwünschten Eindringens fernzuhalten". (Bourdieu 1997, 164). Die "Fähigkeit den Raum zu beherrschen" ist also vor allem abhängig vom Kapitalbesitz. Die französische Wohnungsbaupolitik der 1970er und 1980er Jahre veranschaulicht, wie Lokalisierungsprofite den kapitallosen Zuwanderern vorenthalten und sie gegenüber den gesellschaftlich begehrtesten Gütern auf Distanz gehalten werden. (Bourdieu 1997, 164)

Der Historiker und Kulturanthropologe Andreas Eckert unterstützt die These der Materialisierung von Machtstrukturen im Raum. Er geht im Zusammenhang der städtebaulichen Praktiken der Kolonisatoren in Afrika auf die Vorstellung von der Übertragung, vom infizierten Boden ein und zeigt auf wie durch die Maßnahmen der Kolonialpolitik *corridores sanitaires* eingerichtet wurden um arme (schwarze) und reiche (weiße) Viertel voneinander abzugrenzen. Auch in Paris wurden hygienische Untersuchungen in afrikanischen Siedlungen aus Angst vor Krankheit und Epidemien eingeführt (Eckert 1996: 8-10). Die Sorge um die hygienischen Zustände vor dem Hintergedanken der Verbreitung von Krankheiten und Epidemien, und ihrem möglichen Übergreifen auch auf die franko-französische Bevölkerung, hat sicher ihren Teil zur Errichtung der maßgeschneiderten sterilen Wohnblöcke beigetragen. Eckert zeigt auf, wie die potentiell drohende Unordnung des urbanen Raumes durch Stadtplanung in klare Bahnen gelenkt wird. Stadtplanung gilt der Etablierung einer Ordnung im Sinne der Machthaber, der Stadtplaner, die der Mehrheitsgesellschaft angehören. Die wichtigsten Faktoren bei dieser Planung sind ihm nach sanitärer/hygienischer und funktionaler Art, und spiegeln die gängigen hierarchischen Muster und Vorstellungen von moralischer Ordnung wieder. So findet ganz klar soziale Ausdifferenzierung durch räumliche Ordnung statt (Eckert 1996: 17-20), wie hier im Falle der Errichtung von Trabantenstädten vor den Toren der Stadt für die Lieferanten der notwendigen Arbeitskraft, die für die Sicherung der Produktion und somit den Wohlstand der Industrienation maßgeblich ist.

2. Die Banlieue - Ursachen und Entwicklung spezifischer Problematiken

Bis Ende der 50er Jahre ist die Banlieue bekannt als Wohnort der *classe dangereuse*, der politisch organisierten und engagierten Arbeiter (Kimminich 2006, 315). Die Jugend wird politisch erzogen "durch Organisationsformen, die mit der Arbeitswelt verknüpft sind" (Mucchielli 2006, Internet), wie politischen Parteien, Gewerkschaften, Aktivisten von Bildungswerken und Arbeiterpriestern (Mucchielli 2006, Internet). Spätestens seit den 1970er Jahren ändert sich jedoch die Lage der die Banlieue bevölkernden Arbeiter und ihrer Familien drastisch und damit einhergehend auch der Blick auf die Banlieue und ihre mediale Repräsentation. Die *trentes glorieuses*, die 30 'glorreichen' Jahre des nachkriegszeitlichen ökonomischen Wachstums gehen ihrem Ende zu. Arbeitslosigkeit ist im Zuge der Desindustrialisierung, vor allem bei der zweiten Generation, den Arbeiterkindern, auf dem Vormarsch. Arbeitsmigration wird staatlich unterbunden, doch steigt die Zahl der Migranten durch die Politik der Familienzusammenführung weiter an (Tarr 2005, 8; Kimminich 2006, Internet). Bessergestellte ziehen aus der Banlieue ab und eine Tendenz zur *Ghettoisierung*, also der "soziale(n) und räumliche(n) Trennung der sozialen Gruppenschicksale innerhalb der Gesellschaft" - in diesem Fall der immigrierten Bevölkerungsanteile, bzw. ihrer in Frankreich geborenen Nachkommen - zeichnet sich ab (Mucchielli 2006, Internet). Vor allem diese sind in den 1980er Jahren betroffen von dem ansteigenden Wohnungsmangel, der zunehmenden Verarmung und dem Anstieg von Kriminalität und Gewalt, einem Komplex an Problemen, der wiederum "Alltagsdiskriminierung wie politischen Rassismus ansteigen [lässt]." (Kimminich 2006, Internet)

Im Folgenden werde ich zunächst mit Pierre Bourdieu die machtpolitischen Implikationen und Wirkungen des physischen Raumes, sowie die Verstrickungen zwischen physischem und sozialem Raum, Wohnort und Status, darlegen, um anschließend auf die spezifischen Probleme der Jugendlichen Banlieue Bewohner, im Folgenden auch *Banlieusards*, einzugehen.

2.1 Ortseffekte

Pierre Bourdieu zufolge müssen die Wechselbeziehungen zwischen den Strukturen des Sozialraums und jenen des physischen Raums stringent analysieren werden, um die Bedeutung und Implikation von Orten nicht zu verkennen (Bourdieu 1997, 159). Da Menschen immer ortsgebunden sind und einen konkreten Platz einnehmen, können die von ihnen eingenommenen Orte einerseits als Lokalisierung, andererseits relational als Position, als Rang in einer Ordnung gelten (Bourdieu 1997, 160). Die gesellschaftlichen Akteure werden laut Bourdieu in Beziehung zu einem Sozialraum herausgebildet: der Sozialraum bringt sich im physischen Raum zur Geltung und vice versa spiegelt sich "die Position eines Akteurs im Sozialraum (...) in dem von ihm eingenommenen Ort im physischen Raum wieder" (Bourdieu 1997, 160). In hierarchischen Gesellschaften gibt es ihm nach "keinen Raum der nicht hierarchisiert wäre" und nicht "soziale Abstände zum Ausdruck brächte" (Bourdieu 1997, 160). Dieser Prozess werde jedoch durch sogenannte *Naturalisierungseffekte* verschleiert. "Von der geschichtlichen Logik erzeugte Differenzen können so als in der Natur der Dinge liegend erscheinen." (Bourdieu 1997, 160). Die sozialen Strukturen verwandeln sich durch "heimliche Gebote" und "stille Ordnungsrufe" der Strukturen des angeeigneten Raums "sukzessiv in Denkstrukturen und Prädispositionen" (Bourdieu 1997, 162). So kommt es nach Bourdieu zu einer "unmerkliche[n] Einverleibung der Strukturen der Gesellschaftsordnung durch andauernde und unzählige Male wiederholte Erfahrungen räumlicher Distanzen, in denen sich soziale Erfahrungen behaupten." (Bourdieu 1997, 162)

Architektonische Räume stellen in diesem Zusammenhang wichtige Komponenten der Machtsymbolik dar, "deren stumme Gebote sich direkt an den Körper wenden". An ihnen lässt sich die "ganz und gar reale Wirkung symbolischer Macht" ermessen (Bourdieu 1997, 163). Ein nobles Viertel beispielsweise "weiht jeden einzelnen seiner Bewohner symbolisch, indem es ihnen erlaubt, an der Gesamtheit des akkumulierten Kapitals aller Bewohner teilzuhaben." (Bourdieu 1997, 166). Ein stigmatisiertes Viertel dagegen wirkt sich auf das Ansehen und den sozialen Status seiner Bewohner gegenteilig aus, es degradiert symbolisch jeden Bewohner, der wiederum "das Viertel degradiert, denn er erfüllt die von den verschiedenen gesellschaftlichen Spielen geforderten Voraussetzungen ja nicht." (Bourdieu 1997, 166)

Von diesem Standpunkt aus betrachtet ist es nicht verwunderlich, dass der staatliche Plan der Zusammenführung französischer Familien und Migrantenfamilien in den Wohnsiedlungen und *cités* der Banlieue nicht aufging. Im Rahmen einer Studie über die Situation in der Banlieue ging eine Gruppe von Soziologen um Pierre Bourdieu der Frage nach, weshalb die Integration oder das Zusammenleben in gemischten Vierteln nicht funktioniere. Sie untersuchten Nachbarschaftskonflikte zwischen 'Einheimischen' und 'Einwanderern' und stellten fest, dass Franzosen sich beispielsweise durch Lärm, Gerüche, oder Formen der sozialen Kontakte der - so titulierten - *Anderen* belästigt fühlen (Sayad 1997, 43). Diese Art von Konflikten bewegen sich für die Betroffenen nicht mehr "im Rahmen der individuellen und zwischenpersönlichen [...] Beziehungen", sondern betreffen alle beteiligten Personen auch auf einer kollektiven Ebene:

> "Alle bringen in diese Konflikte ihr gesamtes gesellschaftliches Sein ein, das heißt die Vorstellung, die sie sich von sich selbst machen, ihre soziale Identität, die in diesem Zusammenhang gleichbedeutend ist mit der nationalen Identität - es geht also um ausgeprägte kollektive Identitäten." Sie sind "Ausdruck eines letzten Widerstandes." (Sayad 1997, 43)

Dieser Prozess wird von dem Soziologen Abdelmalek Sayad folgendermaßen beschrieben: Die "Bevölkerungsfraktion, welcher der Zugang zum lang erträumten Einfamilien-Häuschen und dem ganzen dazugehörigen (geographischen und sozialen) Raum erst spät gelang", auf den sie "all ihre Sehnsüchte und Wünsche nach sozialem Aufstieg projiziert" (Sayad 1997, 43) und sich, um ihn zu erreichen, investiert und sich engagiert hatte, sieht diesen Traum von der Anwesenheit der anderen Fraktion bedroht. Dies führt zwangsläufig zu Protest und Widerstand. Sie sind festen Willens, sich um jeden Preis dem Prozess des Abstiegs, der Ab- und Entwertung entgegenzusetzen, "von dem erfasst worden zu sein sie befürchteten" (Sayad 1997, 43). In diesem Prozess kam es zu einer weiteren Ausfragmentierung der Viertel, und einem Wegzug derer, die es sich irgendwie leisten konnten. Die gängige Auffassung, dass ein gesellschaftlicher Annäherungseffekt durch die räumliche Annäherung "von im Sozialraum sehr entfernt stehenden Akteuren" automatisch entstehen könne, wurde in der Studie widerlegt. Im Gegenteil zieht Bourdieu hier das Fazit, dass nichts unerträglicher sei als "die als Promiskuität empfundene physische Nähe sozial fernstehender Personen." (Bourdieu 1997, 165)

2.2 Zur Situation der *Banlieusards*

Einen gravierenden Unterschied zu den Anfängen der Banlieue bildet die Tatsache, dass im Laufe der 1960er und 1970er Jahre mit dem Wegzug der Bessergestellten und der zunehmenden Arbeitslosigkeit die Organisationsstrukturen früherer Zeiten - Arbeiterwohlfahrt, Gewerkschaften etc. - wegbrechen: "Zum ersten Mal in der Geschichte der Arbeiterschaft seit Anfang des 19. Jahrhunderts sind die Bewohner der Arbeiterviertel und Vorstädte nicht politisch repräsentiert" (Mucchielli 2006, Internet). Die Jugendlichen sind, genau wie ihre Eltern, isoliert. Sie können keine politischen Aktionen im klassischen Sinne durchführen, denn sie besitzen nicht die Instrumente dafür. Zusätzlich radikalisiert das ethnische Stigma,

> "das in Hautfarbe, Gesichtszüge und Namen eingeschrieben ist (...) das Handicap, das mit dem Fehlen von Berufs- und Bildungsabschlüssen verknüpft ist, welches selbst wiederum mit dem Mangel an kulturellem und besonders sprachlichem Kapital einhergeht." (Bourdieu 1997, 89)

Rassismus ist gerade "bei den "Ordnungskräften" anzutreffen (...), die eigentlich beauftragt sind, gegen ihn anzukämpfen" (Bourdieu 1997, 91-92). Die häufige Konfrontation mit Rassismus "und stigmatisierendem Schubladendenken durch Personal aus dem schulischen, sozialen, oder polizeilichen Umfeld," trägt "über den von ihm ausgeübten *Schicksals-Effekt* auf mächtige Weise dazu (bei), das angekündigte Schicksal zu erfüllen" (Bourdieu 1997, 91). Nach Schulabschluss finden viele keine Arbeit, was auch mit den Stigma des Wohnviertels zusammenhängt. Das Fehlen von Arbeit und Einkommensquellen verhindert wiederum die soziale Eingliederung (Bourdieu 1997, 89). Des weiteren existiert oft keine ausreichende Infrastruktur, oder kein Geld um sich zu dieser Zugang zu verschaffen. Trotz der Nähe zum Pariser Zentrum sind die Jugendlichen in der Banlieue isoliert (Bourdieu 1997, 89), es gibt kaum Freizeit- und Kulturangebot, lediglich die "pausenlose Konfrontation mit einem nach allen Seiten hin geschlossenen Universum ohne Zukunft, ohne Möglichkeiten" (Bourdieu 1997, 90) und die ständige polizeiliche Überwachung, Aggressivität und Gewalt (Bourdieu 1997, 91).

Dass die Jugendlichen nicht politische repräsentiert sind führt zu zusätzlicher "symbolische(r) und allgemeine(r) Abwertung der Jugendlichen in der französischen Gesellschaft", sowie zu einem starken Gefühl der Ausgrenzung und Machtlosigkeit (Mucchielli 2006, Internet). Bourdieu spricht von einem "Gefühl der Unabwendbarkeit" und einem kollektiven *An-sich-selbst-Verzweifeln* (Bourdieu 1997, 92), einer

> "Art des kollektiven Leidens, das wie vom Schicksal gelenkt all diejenigen trifft, die an den Orten der gesellschaftlichen Verbannung versammelt sind, wo die Leiden jedes einzelnen noch durch das Unglück verstärkt wird, das aus dem Zusammenleben all der Unglücklichen und vielleicht besonders auch aus dem Schicksals-Effekt geboren wird, der der Zugehörigkeit zu einer stigmatisierten Gruppe anhaftet." (Bourdieu 1997, 92)

Dieser Zustand gleicht einer dauernden Abwärtsspirale, aus der es kein Entrinnen gibt, da der einzige Ausweg, Flucht, durch den "Mangel an Ressourcen verstellt" ist (Bourdieu 1997, 166). Dies führt bei den Betroffenen oft zu einer absoluten Solidarität, in der das *wir* und das *man* im Vordergrund stehen. Es kommt zu starker Gruppenzensur und kollektiven Zwängen (Bourdieu 1997, 90). Bourdieu spricht hier von Prozessen, die

> "es einer handelnden Minderheit ermöglichen, Stück für Stück eine ganze Gruppe hineinzuziehen, gehalten von der Angst, die durch die Isolation noch verstärkt wird, und verbunden durch die Solidarität, die durch die Repression in dieser Spirale der Gewalt erzwungen wird." (Bourdieu 1997, 91)

Aber die *Banlieusards* sind nicht nur passive und unterwürfige Objekte der staatlichen Politik, ohne Ambitionen oder Möglichkeit auf Widerstand und Meinungsäußerung, die sich anders zum Ausdruck bringt als in offener Gewalt oder Protesten. Im folgenden Kapitel soll ihre Repräsentation in den Medien ihrer Selbst-Repräsentation in Musik, Kunst und Film gegenübergestellt werden, um ein Bild ihres, von politischen Institutionen losgelösten, aktiven Widerstandes zu zeichnen.

3. Repräsentation der Banlieue in Fernsehen, Kunst und Film

Sowohl städtebauliche als auch sozialpolitische Maßnahmen konnten spätestens ab den 1980er Jahren als gescheitert gelten. Ein ethnisch und rassistisch geprägter Diskurs setzt sich durch, in dem die Banlieue zur Problemzone der Nation stilisiert wird (Kimminich 2006, 315). Ausgangspunkt der Entwicklung sind 1981 die *rodéos* (wilde Fahrten mit geklauten Autos, Anzünden von Autos) von Les Minguettes, einer *Cité* von Lyon (Mucchielli 2006, Internet). Die heute dominierende mediale Repräsentation der Banlieue setzt ein: Bilder von Ausschreitungen, deren Hauptakteure jugendlichen *Banlieusards* sind und hin und wieder Experten, die von einem „objektiven Standpunkt" das Geschehen kommentieren.

Doch die *Banlieusards* bleiben nicht stumm, sie emanzipieren sich. Aus einer passiv repräsentierten Masse treten Künstler, Rapper und Filmemacher hervor, die ihren Blick aus der und auf die Banlieue kundtun und für die Mehrheitsgesellschaft erfahrbar machen. Durch die Stärke ihrer Texte und Bilder gewinnen sie bald großen Einfluss auf die französische Jugendkultur sowie die Kunst- und Filmlandschaft. Die Selbstrepräsentationen bieten eine alternative Lesart des Geschehens in der Banlieue und ihrer Realitäten. Die jungen Einwohner der Banlieues haben einen neuen Weg der politischen Aktion und Ausdrucksmöglichkeit beschritten, der im Folgenden, nach einer kurzen Beschreibung der gängigen medialen Fremdrepräsentation der Banlieue, dargestellt werden soll.

3.1 Mediale Repräsentation der Banlieue

In den 1990er Jahren wird die Banlieue durch die (Sensations-) Presse zur "rechtlosen Zone unzivilisierter Horden" stilisiert und von der breiten Öffentlichkeit dementsprechend wahrgenommen (Kimminich 2006, 315). Ständig wiederkehrende Bilder der Vorstädte entwerfen den stigmatisierenden Diskurs. Die typische *Reportage banlieue* gestaltet sich dem Filmemacher Jean-Paul Colleyn zufolge immer nach demselben Muster: Zunächst erfolgt ein Kameraschwenk über die *Grands Ensembles*, "wobei die Leere zwischen den Gebäuden zur Metapher einer vorausgesetzten sozialen Leere werde." (Pinther 2006, 392). Die in den darauf folgenden Einstellungen zu sehenden Akteure sind zumeist junge Migranten, bzw. deren Nachkommen, sowie "alte Autochtone, (und) die Polizei (...) Es kommt zu Unruhen. Wenn die Reporter am Ort des Geschehens eintreffen, entwerfen sie im Nu das immer gleiche Szenario: Interviews mit Zeugen, Protagonisten des Geschehens" unterlegt von Bildern der Zerstörung, demolierten Autos, zerbrochenen Schaufenstern, etc. (Pinther 2006, 392)

Die Banlieue ist zu einer Projektionsfläche der ungelösten Probleme, der Ängste und Phobien der Gesellschaft, ihrer Vorstellungen vom Bösen und Bedrohlichen, („meist deckungsgleich mit denen vom Fremden") geworden (Kimminich 2006, 315). In der Rede von "problematischen Banlieues" oder "Ghettos" wird jedoch nicht zwangsläufig Bezug auf die Wirklichkeit genommen, da diese bei den Wortführern weitgehend unbekannt ist (Bourdieu 1997, 159). Statt dessen werden mehrheitsgesellschaftliche Phantasmen angesprochen, "die seitens Sensationspresse, Propaganda oder politischen Gerüchten mit emotionalen Eindrücken genährt werden" (Bourdieu 1997, 159). Die mediale Berichterstattung trägt dazu bei, die *Banlieusards* als "postmoderne 'Barbaren'" zu stigmatisieren und dadurch "Rassismus und Diskriminierung einerseits, Gewaltbereitschaft und Ethnizität andererseits" zu verstärken (Kimminich 2006, Internet). So lässt sich in jüngster Zeit eine Tendenz feststellen, welche die Banlieue mit einer islamistischen Bewegung in Verbindung bringt. Die Banlieues werden hier als "Gürtel eines die franko-französische Gesellschaft bedrohenden fremdkulturellen Glaubens" dargestellt (Kimminich 2006, 315). Doch die Proteste sind eindeutig "Ausdrucksform einer Revolte aus den Unterschichten" und nicht an religiöse Absichten oder Hintergründe gekoppelt. 2005 waren bei Protesten "ein einziges Mal [...] religiöse Oberhäupter auf den Strassen" zugegn. Diese verlangten von den Jugendlichen "nach Hause zu gehen und mit den Dummheiten aufzuhören." (Mucchielli 2006, Internet)

3.2 Kunst der Banlieue

Eine Form der Reaktion auf, der Auseinandersetzung mit, und des Wiederstands gegen prekäre soziale und politische Bedingungen, Ausgrenzung und Diskriminierung, Arbeits- und Perspektivlosigkeit, gegen die konstanten negativen Zuschreibungen von Seiten der Mehrheitsgesellschaft vor allem durch die Presse, stellen die kreativen Erzeugnisse der Banlieue-Subkultur(en) dar: Rap, Breakdance, Graffiti, die Jugendsprache *Verlan*, Film, Literatur, bildende und performative Kunst.

Die Banlieues haben sich zu Orten vielfältiger Kreativität entwickelt. In ihrem Schaffen beziehen sich die Künstler auf die Banlieue und die dort herrschenden Lebensbedingungen. Vielen gemeinsam ist das "Bemühen um eine alternative Lesart der Vorstädte, jenseits der stereotypen Darstellungen der 'Reportage banlieue'" (Pinther 2006, 392). Die verschiedenen künstlerischen Ausdrucksformen, die oft in Reaktion auf Stigmatisierung entstehen, behandeln die Kluft zwischen Fremd- und Selbstbild, den Kampf des Subjekts gegen die "paranoide Situation" in die es "vom misstrauischen Blick des Anderen" versetzt wird, ebenso wie die vernichtenden medialen Zuschreibungen (Kimminich 2006, 318). Auch die Verantwortung Frankreichs, als Land der "Freiheit, Gleichheit, Brüderlichkeit", gegenüber seinen "verstoßenen Kindern" wird thematisiert. (Kimminich 2006, 318)

Ich will hier exemplarisch auf Rap, bildender Kunst und Film eingehen, und jeweils ein konkretes Beispiel herausgreifen, um die Spannbreite der Ausdrucksformen des künstlerischen Umgangs mit der in den vorherigen Kapiteln dargestellten Situation in den Banlieues, wenigstens annähernd zu vermitteln. Am ausführlichsten werde ich am Beispiel des Banlieue Films auf die Verknüpfung der gelebten Banlieue-Wirklichkeit, seinem künstlerischen Ausdruck und dessen Rückwirkungen auf die Gesellschaft eingehen um somit dem schöpferischen und zugleich politischen Potential der Kunst der Banlieue Rechnung zu tragen.

3.2.1 Rap

Bereits in den 1970er Jahren avanciert Paris zur Drehscheibe des afrikanischen Musikgeschäfts. Hier entwickeln sich Formen afrikanischer Popmusik, später Rai und HipHop, als Reaktion auf Rassismus, Ausgrenzung und Stigmatisierung (Wendl, von Lintig 2006, 28). Heute haben auch die Medien erkannt, "dass die französischen Banlieues seit vielen Jahren ein Sprachrohr haben, nämlich den Rap" (Frey, 2007, Internet). Diese Tatsache wurde aber lange von Presse und Politik verkannt oder nicht ernst genommen. Erst seit Ende der 1990er Jahre werden mehr und mehr

Journalisten und Politiker darauf aufmerksam, in welchem Maße in den Texten der Rapper aus der Banlieue deren Wut und Verzweiflung über die herrschenden Verhältnisse zum Ausdruck bringen. In ihren Liedern sind die Probleme der Migranten-Kinder zweiter und dritter Generation präsent und werden explizit ausgesprochen. Die *Banlieusards* fordern hier Respekt und Anerkennung durch die Mehrheitsgesellschaft ein (Frey, 2007, Internet) und treten somit als politische *citoyens* (Bürger) in Aktion, die nicht nur herrschende Verhältnisse anklagen, sondern ihre Rechte von der Politik einfordern:

> "Die Analyse zahlreicher Rap-Lyrics macht deutlich, dass das Integrationsmodell aus Franzosen dunkler Hautfarbe politisch aktive Staatsbürger gemacht hat, die die republikanischen Werte beim Wort nehmen und die Verwirklichung einer demokratischen Demokratie anmahnen." (Kimminich 2006, Internet)

Die Politik reagiert mit „Furcht und Herablassung" (Frey 2007, Internet). Mittel für Vereinigungen, in denen Schreibwerkstätten für junge Banlieusards eingerichtet wurden, hatte die konservative Regierung 1998 gekürzt (Frey 2007, Internet). Repressive Reaktion des Staates auf explizit anklagende Texte war oft einfach ein Verbot von Gruppen und Texten (Frey 2007, Internet). So wurde im Jahr 1996 der Rapper Joey Starr der Gruppe NTM von einem Vertreter einer rechts-konservativen Partei für Texte wie "Démocratie, quelle belle connérie" ("Demokratie, welch schöner Unsinn", bzw. "...was für ein Blödsinn") angeklagt (Kimminich 2006, 328). Die Klage blieb erfolglos, doch einige der Texte der Gruppe wurden zensiert und verboten. Noch ein Jahrzehnt später wiederholen sich die selben Fälle. Im Jahr 2005 erging es dem Rapper Richard Makela, alias M.R., ähnlich wie Joey Starr. Für seine Texte: "La France est une garce, n'oublie pas de la baiser jusqu'a l'épuiser, comme une salope faut la traiter, Mec" ("Frankreich ist eine Nutte, vergiss nicht sie zu ficken bis du sie verbraucht hast, du musst sie behandeln wie eine Schlampe, Mann") und "Je pisse sur Napoléon et le général de Gaulle" ("Ich pisse auf Napoleon und den General de Gaulle") zog er eine Anklage auf Vaterlandsbeleidigung ("outrage contre la patrie") von Seiten eines konservativen UMP-Abgeordneten ("Union pour un mouvement populaire", soviel wie "Volksbewegungsunion") auf sich. Außerdem schlug die UMP im Zuge dessen eine Gesetzesänderung bei der Nationalsammlung vor. Der vorgelegte Entwurf nennt sich "Loi contre le délit d'atteinte à la dignité de la France et de l'état" ("Gesetz gegen das Delikt, die Würde Frankreichs und des Staates zu schädigen"). Ein Verstoß sollte mit Gefängnisstrafe ohne Bewährung geahndet werden. Ein Jahr später wurde die Klage jedoch zurückgewiesen (Kimminich 2006, 328). Dieses Beispiel belegt durch die repressive Reaktion des Staates, bzw. seiner Repräsentanten, welch explosives Potential die Texte der jungen Rapper besitzen. Die politischen Repräsentanten der Nation, anstatt konstruktiv auf die Texte einzugehen, und Sorge dafür zu tragen, dass sich an dem zum Ausdruck gebrachten Verdruss und der Wut über die Lebenssituation etwas ändert, verurteilen die Texte und jene die sie aussprechen.

3.2.2 Bildende Kunst

Viele Künstler aus der Banlieue beziehen sich in ihren Arbeiten auf die Kultur derselben. So Kader Attia, der als Sohn algerischstämmiger Eltern in der Banlieue Sarcelles aufwuchs. Attia kozipierte 2004 das forschreitende Kunstprojekt "Hallal" (arabisch für "Reinheit", steht heute für mehr als das ursprüngliche Speise- und Reinheitsgebot und wird Attia zufolge gleichgesetzt mit "gerecht sein"). (Pinther 2006: 391). Im Rahmen dieses Projekts eröffnet er im Frühjahr 04 eine Streetwear-Boutique der Marke "Hallal" in einer Galerie in dem reichen Pariser Arrondissement

Saint-Germain-des Prés. "Das gesamte Ambiente des Ladens bezog seine Referenzpunkte aus der Banlieue", mit einem großen Graffiti über der Auslage, Baseballkappen und Kopftüchern im Angebot (Pinther 2006: 391). Sobald die "erfundene Boutique" in der Galerie als *life-act* (Pinther 2006: 391) eröffnet hatte und die ersten Presseberichte erschienen waren, begann der Protest der Geschäftsleute, die "unter keinen Umständen akzeptieren (wollten), dass sich eine 'Boutique', die aus der Banlieue stammt, hier festsetzt". Somit erzeugte Attia Aussagen über die gegenwärtigen Befangenheiten und Ängste, sowie die "gemeinschaftliche Verwerfung der Banlieue" (Pinther 2006: 391).

Ein weiteres Produkt dieses Projekts war "die Traummaschine" ("La machine à rêve"): ein roter Automat angefüllt mit Hallal-Waren mit Bezug zum Leben in der Banlieue, wie beispielsweise ein *Verlan*-Handbuch, 'koscherer' Alkohol oder amerikanische Pässe (Pinther 2006: 393). Dieses Werk Attias verweist darauf, dass die Kultur der *Cités*, auf die es sich bezieht, eine neuartige Kultur ist, "die mit ihren vielfältigen subkulturellen Verzweigungen (...) entgegen der allgemein verbreiteten Ansichten nur wenig mit den ursprünglichen Herkunftsregionen (...)gemeinsam habe" (Pinther 2006: 393). Außerdem weist Attia mit der "Traummaschine" auf den großen Zwang zur Konformität des einzelnen gegenüber der Gemeinschaft hin. Es geht ihm um das Aufzeigen von Prozessen, die auch Bourdieu beschreibt: wie die Ausweglosigkeit der Situation der *Banlieusards,* die sich in ihrer gesellschaftlichen Sphäre isoliert und gefangen fühlen, und kaum auf eine bessere Zukunft hoffen können, zur starken Solidarität untereinander führt, mit den Nebeneffekten der Gruppenzensur und starken kollektiven Zwängen. Den Banlieue Bewohnern stehen Attia zufolge keine multiplen Wahlmöglichkeiten offen:

"Entweder du rennst den Konsumgütern nach, die alle haben wollen [...] oder - wenn dir das nicht gelingt - dann wirst du Anhänger einer Religion, Judentum, oder Islam. Entweder du bist Mitglied einer Gang, deren Codes du befolgst, oder du vertrittst religiöse Praxen, die in den Herkunftsländern schon seit Jahren nicht mehr üblich sind." (Pinther 2006: 393)

3.2.3 *Cinéma Beur* und *Cinéma de Banlieue*

Die sichtbarste Minderheit Frankreichs wird heute von den Bürgern "d'origine maghrébine" ("maghrebinischen Ursprungs") gestellt, die im allgemeinen Sprachgebrauch kurz als "beurs" bezeichnet werden. Das Wort entstand im Zuge des Aufkommens des Jugendslangs *Verlan* - von "(parler à) l' envers" ("rückwärts sprechen") - in den Banlieues der 1980er Jahre (Kläger 2006, 332). Das *Verlan* wandelt Begriffe durch Neologismen um. Aus dem Wort *Arabe* wurde so das Wort *Beur*, das heute durch sogenannte "Reverlanisierung" (Kläger 2006, 332) erneut umgewandelt wird zu *Rebeu* (Tarr 2005, 3). Bis in die 1980er Jahre traten die *Beurs* und andere ethnische Minderheiten hauptsächlich als marginalisierte und/oder stereotypisierte Charaktere in filmische Erscheinung. Dies trug aktiv zur dominanten Medienkonstruktion der Immigranten als von der Norm abweichend und / oder Außenseiter bei.

„Sie sind Objekte eines weißen eurozentrischen Diskurses, der von Kolonialismus und Imperialismus geprägten hierarchischen Machtverhältnisse als gegeben hinnimmt und "normalisiert". Doch die Subjekte des filmischen Othering emanzipierten sich und entwarfen durch Aneinung der filmischen Mittel ihr eigenes Bild von Immigrationsgeschichte, Leben am Rand der Gesellschaft, Integration, Fremd- und Selbstwahrnehmung." (Tarr 2005, 2)

Seit den späten 1970er Jahren haben sich durch ihr Schaffen zwei neue Strömungen im französischen Film entwickelt: Das *Cinéma Beur* (zum ersten mal 1985 so benannt) und das *Cinéma de Banlieue* (von Filmkritikern seit Mitte der 1990er Jahre so benannt), wobei das *Cinéma Beur* zum Teil dem *Cinéma de Banlieue* zugehörig ist, aber auch als eigenes Subgenre begriffen werden kann. Beide heben die multi-ethnische Natur der Vorstädte hervor, und fokussiert Themen, die mit dem gegenwärtig empfundenen *social divide* in Zusammenhang stehen. (Tarr 2005, 2

Das *Cinéma Beur* greift die Erfahrungen der jungen Franzosen *d'origine maghrébine* der zweiten und dritten Generation auf. Zwischen imaginierten Bildern der Erinnerung aus der maghrebinischen Vergangenheit der Eltern und Bildern der Gegenwart in den Banlieues der französischen Großstädte erschaffen die Filmschaffenden des *Cinéma Beur* mit einem spezifischen Blick seit den 1980er Jahren ein eigenes "postkoloniales" Kino (Struve 2006, 1). "Sie beschreiben ihre Suche nach kultureller Identität und einem Platz in der französischen Gesellschaft, ihren Kampf um Arbeit und ihre Hoffnungslosigkeit." (Struve 2006, 1). Die Regisseure verhandeln hier offen und auf vielfältige Weise ihre Sehnsüchte und Ängste, die Traumata und Diskriminierungen die sie erfahren haben. Außerdem stellen sie die Dynamik und Prozessualität kultureller Aushandlungen dar. (Tarr 2005, 2)

Der indische Kulturanthropologe Homi K. Bhabha beschreibt diesen Prozess treffend in seinem Konzept des "dritten Raums des Postkolonialismus". Dieser dritte Raum ist eine Metapher für eine Sphäre der kulturellen Übersetzung, der Hybridität und Subversion. Bhabha lokalisiert diese in der räumlichen Dimension als (urbanen) Raum zwischen den Kulturen, d.h. dem französischen und dem maghrebinischen kulturellen Referenzsystem. Und hier erschafft der Prozess der kulturellen Hybridität "etwas neues, eine neue Ära der Verhandlung von Bedeutung und Repräsentation" (Struve 2006, 1). In diesem Sinne nutzt das Cinéma beur die filmästhetischen Verfahren um kulturelle Differenz zu inszenieren. Durch diese filmische Selbstinszenierung verorten sie sich "innerhalb des urbanen, sozialen und kulturellen Raums" und entwerfen ihr eigenes "kollektives Bildgedächtnis". (Tarr 2005, 15)

> "The importance of beur filmmaking surely lies in the shift it operates in the position of enunciation from which the dominant majority is addressed, fucusing on minority perspectives which bring with them the potential for new strategies of identification and cultural contestation (Bhabha 1994: 162)." (Tarr 2005, 14-15)

In ihrem Umgang mit Räumlichkeit suchen *Cinéma Beur* und *Cinéma de Banlieue* (die im Folgenden unter dem Oberbegriff des Banlieue-Films zusammengenommen werden) mehrheitsgesellschaftlichen Zuschreibungen von Orten zu widerstehen, und gegen die spezifische Wahrnehmung von Raum und seiner Kontrolle durch die Mehrheitsgesellschaft anzukämpfen. Eines der Hauptcharakteristika des Banlieue-Films ist die Kombination eines poetischen Realismus und eines dokumentarischen Zugangs im Prozess des Filmschaffens. Dieser Zug des dokumentarischen wird im Filmjargon auch als *filming the real* bezeichnet und äußert sich in der Verweigerung der Orte, Räume und Charaktere des französischen *mainstream*-Kinos, und dem damit einhergehenden Fokus auf alternative Settings und Räume (Tarr 2005, 19). Die vielen Formen territorialer Kontrolle, die auf Banlieuebewohner ausgeübt werden, werden hier explizit thematisiert (Tarr 2005, 19).

Eines der bekanntesten Beispiele ist der Film La Haine (Hass) von Mathieu Kassovitz aus dem Jahr 1995. Die im Titel aufgegriffene Redewendung "j'ai la haine" verweist auf den

Allgemeinplatz, dass die französische Gesellschaft sich einer fundamentalen Krise befinde, die durch die Fraktur zwischen den *Cités* und der französischen Gesellschaft, zwischen arbeitslosen Jugendlichen und der Polizei produziert werde. Anstoß zur Idee des Films gab der Todes des 16 jährigen Vorstädters Makomé Bowole aus Zaire, der 1993 bei Ausschreitungen festgenommen und auf einer Polizeistation von einem Polizisten durch Kopfschuss getötet wurde. Schockiert von dem Ereignis und der geringen öffentlichen Resonanz (vor allem im Vergleich zum zeitgleichen Aufruhr um die Rodney King Affäre in den USA), beschließt Kassovitz, die sozialen Probleme anhand der filmischen Umsetzung der Beziehungen zwischen Jugendlichen aus der Banlieue und der Polizei zu thematisieren. Er entwirft als zentralen Topos die Gewalt in der Banlieue. (Tarr 2005, 67-68)

Die Inszenierung hebt hervor auf welche Weise die Protagonisten von ihrer Umgebung blockiert und eingezäunt werden: anonyme Hochhäuser und Graffiti besprühte Mauern und Wände schränken ihr Blickfeld ein, begrenzen ihren Horizont. Sie finden sich „in Räumen sozioökonomischer Entmachtung, Entfremdung und Isolation gefangen" (Tarr 2005, 20). Zusätzlich ist ihre Einnahme anonymer öffentlicher Räume; wie den Treppenhäusern und Eingangsbereichen der Blocks und den angrenzenden Außenbereichen, die oft Einöden gleichen, der Bushaltestellen und Bahnhöfe; Subjekt von Polizei- und anderen Arten der Überwachung (Tarr 2005, 20). Anderseits wird auch gezeigt, dass die Individuen die Fähigkeit haben aus dieser Kontrolle auszubrechen oder sie zu untergraben - wenn auch nur temporär - indem sie Grenzen überschreiten und sich neue Orte wie Keller, Dächer und leere Fabrikhallen aneignen. (Tarr 2005, 19, 20)

Relevanz erlangt das Schaffen der Filmemacher des *Cinéma Beur* und des *Cinéma de Banlieue*, wenn man Nation mit Benedict Anderson als eine "imaginierte Gemeinschaft " begreift, "die sich ständig durch die wiederholte Performanz bestimmter Erzählungen und Diskurse neu konstruiert" (Anderson 1983, zitiert nach Tarr 2005, 9). Die jungen Künstler und Filmemacher tragen somit aktiv an der Gestaltung und der Wahrnehmung der immer im Wandel begriffenen Identität ihrer Nation bei. Sie machen den dritten Raum der kulturellen Aushandlung sichtbar. In diesem Sinne sprach man auch mit dem Aufkommen des *Cinéma Beur* und *Cinéma de Banlieue* von einer "Rückkehr des Politischen in den französischen Film". (Tarr 2005, 19)

III. Zusammenfassung und Ausblick

Die Studie die Grundlage des zweiten Kapitels der vorliegenden Arbeit bildet, wurde von Pierre Bourdieu und mehr als 20 weiteren ForscherInnen und AutorInnen Anfang der 1990er Jahre durchgeführt. Ihr Ziel war es, aus einer Innenperspektive zu verstehen, was in der Banlieue vor sich geht, welche Mechanismen an dem sogenannten "Sog nach unten" beteiligt sind, um durch diese Erkenntnis zu einer Veränderung der Verhältnisse beizutragen. Über 10 Jahre nach Veröffentlichung des daraus resultierenden Werks, "Das Elend der Welt" ("La misère du monde" 1997) hat das Thema Banlieue nichts an Aktualität eingebüßt. Vielmehr hat sich die Lage im Zuge der ́Vorstadtrevolten ́ von 2005 und 2006 und der daraus resultierenden Angst erzeugenden Medienberichterstattung noch zugespitzt. Die Banlieuebewohner leiden nach wie vor an einem "positionsbedingten Elend" (Bourdieu 1997, 19) und werden gleichzeitig vom Staat und vielen seiner Institutionen entweder nicht für voll genommen, worunter ich auch die nicht volle Anerkennung der französischen Staatsbürgerschaftsrechte, und die Gleichstellung als französische *citoyens* (Bürger) fasse, und/oder als gefährlich eingestuft. Die von Bourdieu beschriebene Wechselwirkung zwischen räumlicher Stigmatisierung und dem Rückbezug auf den ́Charakter ́ (bzw. den Sozialraum) der stigmatisierten *außerhalb* der Stadtgrenzen lebenden *Außenseiter* der französischen Gesellschaft, ist im öffentlichen Diskurs unschwer nachzuvollziehen.

Als eine Grundvoraussetzung der (Stadt-)soziologischen und ethnologischen Forschung, muss man sich nach Bourdieu an die Plätze begeben, die Räume körperlich erfahren. Erst dann kann man zu einem Verständnis der Situation der Menschen kommen die, oder deren Lage man untersucht. Einen ersten Schritt zum Empfinden dieser Empathie kann meiner Anicht nach auch durch die Auseinandersetzung mit der Kunst der Banlieue erfolgen. Rapper wie Joey Starr, Künstler wie Kader Attia und Filmemacher wie Matthieu Kassovitz werden weit über die Grenzen Frankreichs hinaus gehört, gesehen und rezipiert. Der Einfluss der Künstler auf die Wahrnehmung der Banlieue (-Problematik) und die Befindlichkeit des französischen Staates ist groß und reicht weiter als die tägliche Berichterstattung der Presse oder die Worte der Politiker, die bis heute keinen veritablen Ausweg aus der Krise gefunden haben (Staatspräsident Nicolas Sarkozy sprach in Reaktion auf die Kravalle von 2005 davon, die Gebiete "mit dem Hochdruckstrahler" zu reinigen ("nettoyer au kärcher") und so vom "Gesindel" ("racaille") zu befreien). Die Rapper und Künstler aus der Banlieue geben ihresgleichen eine Stimme und tragen dazu bei, auch anderen die Kraft zu geben sich auszudrücken, politisch in Aktion zu treten und sich in ihrem *französisch sein* zu verorten. So kann sich durch das künstlerische Wirken ein Ausweg aus der Abwärtsspirale oder der vermeintlichen Ausweglosigkeit des Banlieue Universums auftun und die Stadt sich "als ein Ort der Kommunikation [...] an dem Anonymität und Fremdheit durch Kreativität und Toleranz aufgelöst werden können" erweisen (Sennett 1991, zitiert nach Wildner 1995, 4).

Quellenverzeichnis

Literatur

ANDERSON, BENEDICT: Imagined Communities. Reflections on the origin and spread of nationalism. London, u.a.: Verso 1991.

BHABHA, HOMI K.: Die Verortung der Kultur. Tübingen: Stauffenburg Verlag 2000.

BOURDIEU, PIERRE: Der Lauf der Dinge. In: Bourdieu, Pierre, et al. (Hrsg.): Das Elend der Welt. Zeugnisse und Diagnosen alltäglichen Leidens an der Gesellschaft. Konstanz: UVK 1997, 87-109.

BOURDIEU, PIERRE: Ortseffekte. In: Bourdieu, Pierre, et al. (Hrsg.): Das Elend der Welt. Zeugnisse und Diagnosen alltäglichen Leidens an der Gesellschaft. Konstanz: UVK 1997, 159-167.

ECKERT, ANDREAS: "Unordnung" in den Städten. Stadtplanung, Kolonialisierung und koloniale Politik in Afrika. In: Periplus. Jahrbuch für außereuropäische Geschichte. 6, 1996, 1-20

KIMMINICH, EVA: Schreibhalde Banlieue. Streifzug durch eine re-kreative Nische: Rap und Immigrationsliteratur. In: Pinther, Kerstin; Wendl, Tobias; von Lintig, Bettina (Hrsg.): Black Paris. Kunst und Geschichte einer schwarzen Diaspora. Wuppertal: Peter Hammer Verlag 2006: 314-329.

KLÄGER, SABINE: Kryptisch, drastisch, kreativ - Sprache der Banlieue. In: Pinther, Kerstin; Wendl, Tobias; von Lintig, Bettina (Hrsg.): Black Paris. Kunst und Geschichte einer schwarzen Diaspora. Wuppertal: Peter Hammer Verlag 2006, 331-337.

PINTHER, KERSTIN: Die Banlieue als Thema der zeitgenössischen Kunst. In: Pinther, Kerstin; Wendl, Tobias; von Lintig, Bettina (Hrsg.): Black Paris. Kunst und Geschichte einer schwarzen Diaspora. Wuppertal: Peter Hammer Verlag 2006, 390-395.

SAYAD, ABDELMALEK: Eine deplazierte Familie. In: Bourdieu, Pierre, et al. (Hrsg.): Das Elend der Welt. Zeugnisse und Diagnosen alltäglichen Leidens an der Gesellschaft. Konstanz: UVK 1997, 43-62.

SENNETT, RICHARD: Civitas. Die Großstadt und die Kultur des Unterschieds. Frankfurt am Main: Fischer 1991.

STRUVE, KAREN: (Selbst-)Inszenierungen im postkolonialen cinéma beur: Blickwinkel im ‚Dritten Raum'. Tübingen 2006, unveröffentlicht.

TARR, CARRIE: Reframing Difference. Beur and banlieue filmmaking in France. Manchester: Manchester University Press 2005.

WENDL, TOBIAS; VON LINTIG, BETTINA: Das schwarze Paris. Geschichte, Kunst und Mythos. In: Pinther, Kerstin; Wendl, Tobias; von Lintig, Bettina (Hrsg.): Black Paris. Kunst und Geschichte einer schwarzen Diaspora. Wuppertal: Peter Hammer Verlag 2006, 14-35.

WILDNER, KATHRIN: picturing the city. Themen und Methoden der Stadtethnologie. In: Kea. Zeitschrift für Kulturwissenschaften 8, 1995, 1-41.

Internet

FREY, OLIVER: Sozialintegrative Stadtpolitik in Frankreich als Antwort auf städtische Jugendgewalt. In: Reutlinger, Christian; Mack, Wolfgang; Wächter, Franziska; Lang, Susanne (Hrsg.): Jugend und Jugendpolitik in benachteiligten Stadtteilen in Europa. VS-Verlag, Wiesbaden 2007, 138-158.
Auszug unter: http://www.migration-boell.de/web/integration/47_1299.asp, [11.09.2008]

KIMMINICH, EVA: Citoyen oder Fremder? Ausgrenzung und kulturelle Autonomie in der Banlieue Frankreichs. In: Archiv für Sozialgeschichte Bd. 46: Integration und Fragmentierung in der europäischen Stadt. Bonn: Verlag J.H.W. Dietz Nachf. 2006.
Auszug unter: http://www.fes.de/aktuell/focusjugend/7/documents/Summ_AfS.pdf, [14.09.2008]

LÖW, MARTINA: The social construction of space and gender. In: European Journal of Women's studies, Vol. 13, No. 2/2006, 119-133.
http://raumsoz.ifs.tu-darmstadt.de/archiv/lehrveranstaltungen_wise0405/loe-vorl/12-segregation.pdf, [12.09.2008]

MUCCHIELLI, LAURENT: Unruhen in Frankreich. Der Universalismus ist das Problem. Interview von Piriot, Emanuelle; Majchrzak, Kamil, 28.06.2006.
www.ostblog.de/2006/07/der_universalismus_ist_das_prob.php, [03.12.2006]